Die Stationen
dieses Rundgangs:

1 **Plärrer**
Überblick

2 **Plärrer**
Verkehrsdrehscheibe

3 **Am Plärrer 43**
Plärrer-Hochhaus

4 **»Nördliche« Further Straße**
Gründerzeithäuser

5 **Fürther Straße 24**
Schuco

6 **Fürther Straße 77**
Berufsschule 2

7 **Veit-Stoß-Platz**
Veit-Stoß-Anlage

8 **Fürther Straße 74**
Eisenbahndenkmal

9 **Fürther Straße 110**
Justizpalast

10 **Fürther Straße 111**
DATEV

11 **Fürther Straße 166**
Rumänisch-orthodoxe Kirche

12 **Fürther Straße 176**
Gebrüder Wolff

13 **Fürther Straße 199**
Balmberger

14 **Fürther Straße 205**
Volksfestplatz

15 **Fürther Straße 205**
Quelle

16 **Fürther Straße 212**
Triumph-Adler

17 **Fürther Straße 246**
AEG

18 **Fürther Straße 304**
Gaststätten

19 **Ferdinandstraße 17**
Fürther Kreuzung

W0227286

BILDNACHWEIS

DB Museum: 9 o.+u., 30 u.
Digitale Luftbilder Oliver Acker: S. 43.
Fleischmann, Johann: S. 63 l.
Geschichte Für Alle e.V.: 7, 8 o., 12 o., 18 o., 19 u., 22 o., 23 o.+u., 24 u., 26 o.+m.,
27 u., 28 o., 31 u., 36 o., 40 o., 41 o., 44 o.+m., 45, 46, 47 u., 48, 50, 52 o., 54 o.,
55 u., 56, 57 u., 58, 60 o., 61, 64 o., 66, 68 o.+u., 69 o.+u., 71.
Museen der Stadt Nürnberg, Graphische Sammlung: S. 8 u., 12 u., 30.
Harren, Ludwig: S. 41
Museum Industriekultur: S. 5, 24 o., 33 u., 34, 49 u., 59 o.+u., 61 u., 65 r.
Spielzeugmuseum Nürnberg: 22 u., 25 u., 47.
Stadtarchiv Nürnberg: S. 11, 12 m., 13 o., 14 o.+u., 18 u., 19 o., 20 o.+u., 21 u., 25 o.,
27 o., 29, 33 o., 39, 44 u., 49 o., 51, 64 u.
Städtische Werke Nürnberg: 16 o.+u., 17, 21 o.
VAG Archiv: 15, 32, 35.
Wikipedia: 52/53 u., 58 o.

Abbildung rechts: Die Trasse der einspurig laufenden Ludwigsbahn neben der von Pappeln gesäumten Chaussee Nürnberg-Fürth, kolorierter Kupferstich um 1835.

Titelbild: Die Fürther Straße auf Höhe der Willstraße mit Blick Richtung Plärrer, Fotografie um 1930.

© Sandberg Verlag
Wiesentalstraße 32
90419 Nürnberg

www.geschichte-fuer-alle.de
info@geschichte-fuer-alle.de
Telefon 0911-307360
Fax 0911-3073616

Gestaltung: Norbert Kühlthau, Nürnberg
Druck: Frischmann Druck & Medien, Amberg

Nürnberg 2017

ISBN 978-3-930699-90-2

Reiner Eismann, Daniel Gürtler

mit Beiträgen von Bernd Windsheimer

FÜRTHER STRAßE

Aufbruch und Wandel

Historische Spaziergänge 14

Herausgegeben von
Geschichte Für Alle e.V. – Institut für Regionalgeschichte

INHALT

Kapitel

Die Fürther Straße

Aufbruch und Wandel

Der Nachbau der histori-schen Adler-Lokomotive vor dem Quelle-Kauf-haus, Fotografie 1960.

Die Fürther Straße hat in Nürnberg Karriere gemacht und nebenbei den Namen Fürths weit über regionale und nationale Grenzen hinausge-tragen: Als Trasse der ersten deutschen Eisen-bahn, als Zentrum der deutschen Fahrrad- und Blechspielwarenindustrie, als Magistrale für In-dustrie, Handel und Dienstleistungen mit Firmen wie AEG, Quelle und Datev und als welthistori-scher Schauplatz der Nürnberger Prozesse.

Zu verdanken hat das bayerische Nürnberg diese vier Kilometer lange großstädtische Ver-kehrsachse bis zur Fürther Stadtgrenze den Preußen. Sie haben nach dem Ende der reichs-städtischen Souveränität des Stadtstaates Nürn-berg während ihrer kurzzeitigen Herrschaft eine schnurgerade moderne Chaussee mitten durch die Landschaft geschlagen.

Heute sind Industrie und Handel entlang der Fürther Straße längst weitergezogen oder in Konkurs gegangen. Stattdessen prägen Dienst-leister die einstigen Industrieareale, und das ehe-malige Quelle Versandzentrum als eines der flächenmäßig größten deutschen Gebäude harrt einer neuen Nutzung.

Der Bilderbogen aus dem Jahr 1840 zeigt in vier Bildern die Strecke der Ludwigsbahn von Nürnberg nach Fürth über Muggenhof und Doos.

Auf den Spuren von Geschichte und Gegenwart einer großen deutschen Straße starten wir unseren – zugegeben etwas längeren – Spaziergang am Plärrer und erreichen nach 19 Stationen kurz vor der Stadtgrenze die ehemalige »Fürther Kreuzung«: Hier trafen einst die Fürther Straße mit der Ludwigsbahntrasse, der alte Kanal und die Ludwig-Nord-Süd-Bahn aufeinander. Begeben Sie sich mit uns auf eine spannende Entdeckungsreise.

Nürnberg, im Oktober 2017
Bernd Windsheimer, Daniel Gürtler
Geschichte Für Alle e.V. –
Institut für Regionalgeschichte

①

Einführung

Geschichte der Fürther Straße

Wie keine andere Straße der Stadt steht die Fürther Straße stellvertretend für die Entwicklung Nürnbergs im 19. und 20. Jahrhundert. An ihrem Anfang stand das Ende der Nürnberger Unabhängigkeit und der reichsstädtischen Zeit. Mit der ersten deutschen Eisenbahn 1835, aber auch den vielen kleinen und großen Industriebetrieben bildete die Straße vor allem im späten 19. Jahrhundert die Schlagader der industriellen Revolution in Bayern. Hercules, Triumph, Bing oder Schuco sind nur einige der großen Namen, die entlang der Straße produzierten und Industriegeschichte schrieben. Im Schwurgerichtssaal des 1916 eröffneten Justizpalasts wurde nach dem Zweiten

Die reichsstädtische Geleitstraße nach Fürth verlief ursprünglich nördlich der Pegnitz, entlang der heutigen Johannisstraße und Schnieglinger Straße. Auf Höhe der Brückenstraße befand sich ein Wachposten. Stich um 1750.

Der Wacht Posten an der Fürther Straße.

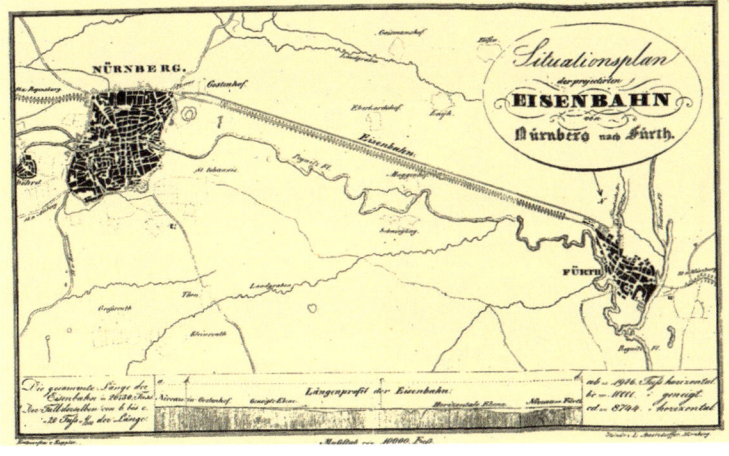

Der »Situationsplan der projektierten Eisenbahn von Nürnberg nach Fürth« zeigt den schnurgeraden Verlauf der 1835 eröffneten Bahnlinie. Lithografie von Leonhardt Amersdorffer.

Abfahrt des Adlers von Nürnberg auf der Fürther Straße, Lithografie nach einer Zeichnung von Alexander Heideloff, 1836.

Weltkrieg mit den Nürnberger Prozessen Weltgeschichte geschrieben. Gleichzeitig steht die Straße in den letzten Jahrzehnten für den tiefgreifenden Strukturwandel in Nürnberg, mit der Schließung großer Unternehmen wie der AEG oder dem Versandhaus Quelle, aber auch der Revitalisierung der ehemaligen Industriequartiere vor allem durch Dienstleistungsbetriebe, allen voran der Gründung und rasanten Expansion der DATEV.

Kerzengerade führt die Fürther Straße auf vier Kilometern Länge vom Plärrer am Spittlertor zur Stadtgrenze am heutigen Frankenschnellweg. Hier wechselt die Straße ihren Namen und verläuft die letzten zwei Kilometer als Nürnberger Straße ins Fürther Stadtzentrum. Beide Straßen sind heute das augenscheinlichste Relikt aus der Zeit, in der das Königreich Preußen bis an die Nürnberger Stadtmauern heranreichte. Als der letzte Markgraf von Ansbach-Bayreuth Karl-Alexander 1791 abdankte, fielen

9

**Prächtige Sandstein-
fassaden prägen das
Bild der Straße zwischen
Plärrer und Willstraße.
Ansichtskarte um 1900.**

dessen Besitztümer an das preußische Königshaus. Minister für die
fränkischen Gebiete wurde Karl
August von Hardenberg, der spätere preußische Außenminister und
Staatskanzler. Um den Einfluss der
Reichsstadt zu schwächen, aber
auch um deren Zolleinnahmen zu
schmälern, ließ er zwischen 1801
und 1805 die heute noch beste-
hende Fürther Straße als breite gepflasterte
Chaussee anlegen. Diese stand fortan in Konkurrenz zur alten Handelsstraße nach Frankfurt,
die vom Neutor entlang der Johannisstraße verlief. Anfangs führte die Fürther Straße über Fel-
der und Wiesen vorbei an den beiden Weilern
Eberhardshof und Muggenhof. Erst in der Grün-
derzeit ab 1880 und anfangs nur in Plärrernähe
setzte eine der Dimension der Straße entspre-
chende repräsentative Bebauung ein.

Durch ihre großzügige Anlage strahlt die Fürther Straße großstädtischen Charakter aus. Fotografie um 1930.

links: Die um 1930 erschienene Ansichtskarte zeigt die Gabelung der »nördlichen« Fürther Straße (links) mit der Trasse der ehemaligen Ludwigs-Eisenbahn (rechts).

Mit Eröffnung der ersten deutschen Eisenbahnlinie stieg auch die wirtschaftliche Bedeutung der Straße, die fortan als die Straße mit dem höchsten Verkehrsaufkommen in Bayern galt. Ab 1881 verband eine Pferdebahn entlang der Fürther Straße die beiden Städte. Bereits 1896 wurde diese als eine der ersten Linien in Nürnberg elektrifiziert.

Seit der Jahrhundertwende siedelten sich etliche metallverarbeitende Industriebetriebe, vor allem der Zweirad- und Spielwarenindustrie, entlang der Fürther Straße an.

Mit der Fertigstellung des Frankenschnellwegs im Jahre 1967 und dem Bau der U-Bahn nach Fürth in den 1980er Jahren erfuhr die Fürther Straße eine starke Verkehrsentlastung. Gerade im Bereich Gostenhof konnten Maßnahmen zur Verkehrsberuhigung ergriffen werden.

②

Plärrer

Vom »freien Platz« zur Verkehrsdrehscheibe

**Der Schweppermann-
brunnen wurde im Zwei-
ten Weltkrieg zerstört,
Fotografie 1930er Jahre.**

**Blick über den Plärrer
nach Gostenhof um
1800.**

■ Seit der Fertigstellung des Spittlertors, ver-
mutlich bereits im 14. Jahrhundert, trennt der
Plärrer die Stadt Nürnberg von ihrem Vorort
Gostenhof. Der Name leitet sich vom mittel-
hochdeutschen Begriff »plarre« oder »plerre« für
»freier Platz« ab. Bereits im Mittelalter wurde der
Plärrer für Veranstaltungen genutzt. Der Platz befindet sich im direkten Vorfeld der Reichsstadt, ein
Bereich, in dem aus Verteidigungsgründen lange
Zeit keine festen Gebäude erlaubt waren. Dies
änderte sich erst im frühen 19. Jahrhundert, als
Nürnberg mit dem Übergang an Bayern über die
Stadtmauergrenzen hinauswuchs und erste ein-
fache Gebäude entlang der Süd- und Westseite
des Plärrers errichtet wurden. Aus dieser Zeit
stammt auch die lange Zeit für diesen Bereich
geläufige Bezeichnung »Burgfrieden«.

Die beiden Fotografien des Plärrers von 1865 und 1905 zeigen die Entwicklung Nürnbergs zur Großstadt.

Unten: Das Straßenbahnwartehäuschen am Plärrer. Ansichtskarte um 1900.

1835 entstand auf dem Plärrer mit dem kleinen Empfangsgebäude der Ludwigsbahn der erste Bahnhof Deutschlands. Während das ursprüngliche Bahnhofsgebäude bereits 1880 durch einen Neubau ersetzt wurde, überlebte dieser zweite Bahnhof den Zweiten Weltkrieg und wurde erst 1951 für den Bau des Plärrer-Hochhauses abgebrochen.

Neben regelmäßigen Zirkusdarbietungen und kleinen Märkten fand zwischen 1885 und 1887 auch das Nürnberger Volksfest auf dem Plärrer statt. Spätestens mit der Elektrifizierung der Straßenbahn 1896 entwickelte sich der Plärrer zu Nürnbergs wichtigster Verkehrsdrehscheibe. Bereits drei Jahre später kreuzten sich hier fünf Straßenbahnlinien, in den 1930er Jahren waren es zeitweise sogar 13 Linien.

Die 1931 von Walter Brugmann im Stil der Klassischen Moderne entworfene Wartehalle mit »Automaten-Restaurant«. Fotografie 1933.

Der Plärrer wurde im Lauf seiner Geschichte immer wieder umgestaltet, wobei er eine Öffnung in Richtung Rothenburger Straße und Fürther Straße erfuhr. In den 1920er Jahren wurden beispielsweise die Straßenbahnhaltestellen vom Spittlertor nach Westen verlegt. Das kleine, 1899 entstandene Fachwerk-Wartehäuschen mit Uhrenturm wurde hierbei abgebrochen und durch eine moderne Wartehalle ersetzt – den Plärrer-Automaten.

Im Rahmen der »Umgestaltung Nürnbergs als Stadt der Reichsparteitage« plante die nationalsozialistische Stadtführung ab 1939 eine grundlegende Neuordnung des Platzes. Der Verkehr

Neben Sitzmöglichkeiten verfügte der Plärrer-Automat über ein Selbstbedienungsrestaurant und Telefonzellen. Fotografie 1932.

Während des U-Bahn-baus ab 1975 wurde der Auto- und der Straßenbahnverkehr auf Behelfsbrücken über die riesige Baugrube geleitet. Fotografie 1978.

sollte hierbei komplett neu geordnet und teilweise sogar unter die Erde verlegt werden. Für die Umgestaltung hätten die gesamte Randbebauung sowie ein Großteil der Gebäude entlang der »nördlichen« Fürther Straße weichen müssen. Der Zweite Weltkrieg verhinderte jedoch die Umsetzung dieser Pläne.

Nach Kriegsende wurden die letzten Reste der ursprünglichen Bebauung abgebrochen und der Plärrer zum Westtorgraben hin geöffnet. Die grundlegendste Umgestaltung des Plärrers erfolgte jedoch in den 1970er Jahren mit dem U-Bahnbau. Auf drei Ebenen und mit vier Gleisen wurde der Plärrer nun zur Drehscheibe der Nürnberger U-Bahn. Hinter der östlichen Wand des dritten Untergeschosses ist sogar bereits der Übergang zu einer weiteren U-Bahnlinie im Rohbau angelegt: Eine Linie, die vom Hallertor kommend weiter in die Südstadt und von hier über die Landgrabenstraße zum Tiergarten hätte verlaufen sollen.

15

③

Die freischwebende Treppe mit der darunterliegenden Brunnenanlage spiegelt den Geist der 1950er Jahre. Fotografie um 1953.

HOCHHAUS

Plärrer-Hochhaus
Symbol des Wiederaufbaus

Nach der weitgehenden Zerstörung der Bebauung rund um den Plärrer im Zweiten Weltkrieg gestaltete die Stadt Nürnberg den Platz nach 1945 grundlegend um. Das in diesem Zusammenhang errichtete Hochhaus für die Städtischen Werke wurde zum Symbol des Wiederaufbaus. Verantwortlich für den Bau zeichnete der seit 1937 als Stadtbaurat tätige Nürnberger Architekt Wilhelm Schlegtendal. Dieser hatte bereits vor dem Krieg Entwürfe für die Umgestal-

16

Das Plärrer-Hochhaus avancierte zu einem Symbol des beginnenden Wirtschaftswunders in Nürnberg. Die beleuchtete Antenne auf der »Teestube« streckt das Gebäude zusätzlich. Fotografie 1953.

links: Das Hochhaus des Architekten Wilhelm Schlegtendal wurde in nur eineinhalb Jahren Bauzeit errichtet. Zeitweilig bedeutete dies einen Baufortschritt von einem Geschoss in der Woche. Im Vordergrund ist der Plärrer-Automat zu erkennen. Fotografie 1952.

tung des Plärrers vorgelegt, die ebenfalls einen Hochhausbau vorsahen. Das ab 1952 in Stahlskelettbauweise errichtete Gebäude galt bei seiner Eröffnung mit einer Höhe von 56 Metern und 15 Geschossen als höchstes Bürogebäude Bayerns. Um schlanker zu erscheinen, verjüngt es sich ab dem fünften Stockwerk um jeweils einen Zentimeter pro Etage. Noch im Dezember konnte Richtfest gefeiert werden und bereits am 1. Oktober 1953 zogen die ersten Mitarbeiter ein.

Der gesamte Komplex besteht neben dem Hochhaus aus einem 100 Meter langen Verbindungstrakt sowie einem westlichen Bauteil an der Fürther Straße mit Vortragssaal, Lehrküche und Werkstätten. Auf dem Dach des Hochhauses befindet sich eine an drei Seiten verglaste Teestube, die der Stadt lange Zeit als Repräsentationsraum diente. Als eines der ersten Nachkriegsgebäude Nürnbergs wurde das Plärrer-Hochhaus 1988 unter Denkmalschutz gesetzt.

④

»Nördliche« Fürther Straße

Bürgerliches Wohnen und Hopfenhandel

Mit der Eröffnung der ersten deutschen Eisenbahn änderte sich der Verlauf der Fürther Straße an ihrem östlichen Ende. Der erste Teil der Straße, die heutige Südliche Fürther Straße, war fortan der Eisenbahn vorbehalten. Stattdessen zweigte die Fürther Straße von der ansonsten kerzengerade verlaufenden Chausee nördlich ab. Umgangssprachlich wird dieser Abschnitt heute als »nördliche« Fürther Straße bezeichnet. Dieser Straßenverlauf erhielt 1894 sogar ein eigenes Stadttor, das Fürther Tor, welches das nahegelegene Spittlertor und das Ludwigstor entlasten sollte.

Erste Gebäude entstanden seit den 1860er Jahren an der ansonsten von Privatgärten ge-

Die 1865 entstandenen Fotografien von Ferdinand Schmidt zeigen ganz links die Rothenburger Straße in Richtung Rochus-Friedhof. Rechts der Bildmitte läuft die »nördliche« Fürther Straße in einer Linkskurve auf die Eisenbahntrasse zu. Rechts daneben ist die Alhambra zu erkennen.

Der Fabrikant und türkische Konsul Johann David Wiß ließ 1840 direkt am Anfang der »nördlichen« Fürther Straße ein Landhaus im orientalischen Stil errichten, die Alhambra. Fotografie 1865.

Das Hansahaus am Eingang der »nördlichen« Fürther Straße. Fotografie 2017.

prägten Straße. Der größte war der des Nadelfabrikanten, Mühlenbesitzers und türkischen Honorarkonsuls Johann David Wiß, der hier einen englischen Garten anlegen ließ, der ab 1834 gegen Eintritt dem gehobenen Bürgertum zur Verfügung stand. Die Parkanlage – die heutige Rosenau – benannte er nach seiner Ehefrau Rosina. Diese reichte ursprünglich bis an die »nördliche« Fürther Straße heran. Wiß ließ zudem von dem Architekten Karl Alexander von Heideloff ein Landhaus im orientalischen Stil an der Stelle des heutigen Hansahauses am Beginn der Straße errichten. Entstanden zwischen 1893 und 1895 ist das Hansahaus ein eindrucksvolles Beispiel für den Nürnberger Stil, einer Sonderform des Historismus, die so fast ausschließlich in Nürnberg zu finden ist. Initiiert vom Professor an der Nürnberger Kunstgewerbeschule Konradin Walter, dem Architekten des Künstlerhauses, vereinigte dieser Stil verschiedene Elemente der späten Gotik und der Renaissance, die für die Bürgerhäuser in der Altstadt als typisch galten, wobei jedoch häufig Besonderheiten herausgegriffen wurden. So etwa mehr-

Das Hopfenlager der Firma Buchmann in der »nördlichen« Fürther Straße 17. Fotografie 1912.

Auf der 1927 entstandenen Luftaufnahme sind am rechten Bildrand der Plärrer sowie die abzweigende »nördliche« Fürther Straße erkennbar.

stöckige steinerne Chörlein oder der aufwändige Schmuckgiebel des Toplerhauses am Paniersplatz. Ansonsten prägten herrschaftliche Mietshäuser, vor allem im Stil der Neorenaissance und des Neobarock, mit Vorgärten die Straße.

Ab etwa 1880 setzte eine dichtere Bebauung ein und verwandelte die Straße in ein Wohnquartier des gehobenen Bürgertums. Zu dieser Zeit war Nürnberg bereits ein Zentrum des Hopfenhandels und avancierte bis 1890 zum wichtigsten Hopfenumschlagplatz weltweit. Viele der häufig jüdischen Hopfenhändler lebten im Quartier »nördliche« Fürther Straße, Rosenaustraße, Bleich- und Hochstraße, das im Volksmund den Namen »Hopfenjudenviertel« erhielt. Von den 162 Hopfenhandlungen der Stadt wurden 1930 120 von Juden betrieben, etwa ein Drittel der Handlungen befand sich in diesem Viertel. Die Kaufmannsfamilie lebte in der Regel im Vorderhaus, häufig im ersten Stock, der Beletage. Da-

Nürnberg   Fürtherstrasse

Bis zur Stilllegung der Ludwigsbahn fuhren die Straßenbahnen durch die »nördliche« Fürther Straße. Ansichtskarte um 1900.

Straßenszene, Fotografie 1929.

hinter erstrecken sich geräumige Hinterhöfe sowie Hinterhäuser mit Lagerräumen und Werkstätten; so etwa in der Hausnummer 18 die Treibriemenfabrik Stierdorfer und Nägele oder schräg gegenüber in der Hausnummer 17 die Hopfenhandlung Buchmann. Theodor Buchmann betrieb das Unternehmen bis zu seiner Emigration nach Palästina im Jahr 1938. Die antisemitischen Verfolgungen und die darauffolgenden Deportationen bedeuteten das Ende der großen Mehrheit der Hopfenhandlungen.

In einem der Gründerzeithäuser, der Hausnummer 6, eröffnete Dr. Fritz Erler 1935 eine orthopädische Praxis, aus der die nach ihm benannte Unfallklinik entstand. 1963 zog das Krankenhaus an seinen heutigen Standort am Kontumazgarten um. Das ehemalige Klinikgebäude dient heute als Seniorenheim.

⑤

Schuco

Legendäre Blechspielwaren

Der »Pickpick-Vogel«, ein mit Samtpulver beschichteter Blechvogel, avancierte mit über 20 Millionen verkauften Exemplaren im Jahr 1921 zum ersten großen Erfolg von Schuco.

Vor allem die ab den 1930er Jahren produzierten mechanischen Autos trugen zum Erfolg des Spielwarenproduzenten bei.

In der zweiten Hälfte des 19. Jahrhunderts entwickelte sich Nürnberg zum unumstrittenen Zentrum der deutschen Spielwarenindustrie. Eine der bekanntesten und erfolgreichsten Spielwarenfabriken war lange Zeit die Firma der Gebrüder Ignaz und Adolf Bing. Viele andere zukünftige Spielwarenproduzenten gingen bei Bing in die Lehre. So auch der 1887 geborene Heinrich Müller, der hier drei Jahre als Mustermacher arbeitete. 1912 gründete er zusammen mit dem Kaufmann Heinrich Schreyer die Spielwarenfabrik Schreyer & Co., die anfangs vor allem Plüsch- und Filzspielzeug produzierte. Als sich Schreyer 1918 aus dem Unternehmen zurückzog, begab sich Heinrich Müller auf die Suche nach einem neuen Geschäftspartner und Geldgeber. Diesen fand er in der Person des Textilkaufmanns Adolf Kahn. Der alte Firmenname blieb zwar erhalten, jedoch ab 1921 nur noch unter der Abkürzung Schuco. Schuco produzierte fortan erfolgreich mechanisches Blechspielzeug wie Figuren, Fahrzeuge und Tiere – alle mit verblüffend vielseitigen Bewegungsabläufen.

Schuco
TECHNISCHER FORTSCHRITT
DAS ERSTE SPIELZEUGAUTO DER WELT
WIE IN WIRKLICHKEIT! MIT EINER ORIGINAL-FLÜSSIGKEITSKUPPLUNG
Eine technische Meisterleistung:
Elektro-Zweitonsirene im Spielzeugauto!
Schuco
VOLLENDETE AUTOMATIC IM SPIELZEUG
DER WAGEN FÜR DEN FORTSCHRITTLICHEN KLEINEN AUTOFAHRER
Alle Schuco-Artikel sind gesetzlich geschützt.

Produktkatalog aus den 1950er Jahren.

Seine größten Erfolge feierte Schuco ab den 1930er Jahren mit Spielzeugautos. Diese allesamt von Heinrich Müller entworfenen Modelle gelten als kleine Wunderwerke der Mechanik. Sie vollführen Überschläge, hupen, verfügen über eine funktionierende Gangschaltung oder wenden wie von Geisterhand, sobald sie die Tischkante erreichen. Zum größten Verkaufsschlager der Firma avancierte jedoch der ab 1936 produzierte Mercedes Silberpfeil, das sogenannte Studio Auto.

Aufgrund seines jüdischen Glaubens war Adolf Kahn zunehmend antisemitischen Anfeindungen ausgesetzt, welche die Familie letztlich dazu bewegte, 1939 in die USA zu emigrieren. Bereits drei Jahre zuvor hatte Kahn das Unternehmen an seinen Geschäftspartner und Freund Heinrich Müller verkauft. Der Kontakt zwischen den beiden Männern riss trotz der Kriegswirren und Kahns Auswanderung nicht ab.

Das 1936 vorgestellte Patent Wendeauto verfügt über einen Querantrieb, der verhindert, dass das Auto vom Tisch fällt. Stattdessen wendet es automatisch und fährt in eine andere Richtung weiter.

Auf der Leipziger Spielwarenmesse 1925 präsentierte Schuco Plüschtiere mit Likör- und Parfumfläschchen im Inneren. Zielgruppe waren hierbei nicht Kinder sondern Frauen.

Welterfolg Schuco: Die mit Disney-Lizenz hergestellte tanzende und quakende Schuco-Ente war ein Export-Schlager und spielte sogar eine Rolle in der Hollywood-Komödie »Bachelor Mother« (1939).

Ganz im Gegenteil, die Zusammenarbeit wurde nach Kriegsende wiederbelebt und legte den Grundstein für den internationalen Durchbruch des Unternehmens. 1947 gründete Kahn in New York die »Schuco Toy Company« die den Import und die Vermarktung der Schuco Produkte in den USA übernahm, die sich in den 1950er Jahren zu einem der wichtigsten Märkte des Unternehmens entwickelten. Zu Hochzeiten wurden täglich 8.000 Silberpfeile produziert, wovon etwa die Hälfte in den Export ging.

Im Fabrikneubau an der Fürther Straße produzierten ab 1952 bis zu 800 Mitarbeiter auf 13.000 Quadratmetern Blechspielwaren. Anfang der 1960er Jahre war Schuco mit insgesamt 100 Millionen verkauften Spielzeugen die größte Spielwarenfabrik Nürnbergs. Kurz darauf folgte jedoch bereits der Niedergang der Nürnberger Blechspielwaren-

1952 zog die Spielwarenfabrik in den Neubau an der Fürther Straße. Das Gebäude wurde in den Folgejahren um vier weitere Fensterachsen nach Westen hin erweitert. Fotografie 1952.

industrie: Billigprodukte aus dem Ausland, aber auch neue Materialien wie Metalldruckguss und Plastik waren der Grund. Wie viele andere Nürnberger Unternehmen schaffte Schuco es nicht, sich auf dem geänderten Marktumfeld zu behaupten und musste 1976 Konkurs anmelden.

Der Name Schuco lebt jedoch bis heute fort. Seit 1980 besitzt die Fürther Gama-Mangold Gruppe – die heutige Simba-Dickie-Group – die Rechte an den Modellen und dem Firmennamen. Bis heute werden in limitierter Auflage Replikate der ehemaligen Erfolgsmodelle für den Sammlermarkt hergestellt.

Eine der vielen weiteren Blechspielwarenfabriken war Keim & Co., die Ende der 1940er Jahre solche Beduinen auf Dromedaren produzierten, Fotografie 2016.

SCHULE

⑥

Das Schulhausdach
ziert ein Uhren-
turm. Fotografie
2008.

Das 1888 eröffnete
Schulgebäude Fürther
Straße 77 gilt heute als
das älteste außerhalb
der Altstadt. Postkarte
um 1930.

Berufsschule 2

Berufliche Bildung im Wandel

■ Zwischen der neu erschlossenen Kernstraße
und der Müllnerstraße entstand 1880 mit dem
Schulhaus Fürther Straße 77 ein Neubau im Stil
der Neurenaissance. Anders als die meisten anderen Vorstadtschulen wurde das Gebäude in
massiver Sandsteinbauweise ausgeführt. Über
ein eindrucksvolles offenes Treppenhaus mit
gusseisernen Säulen erreicht man die 14 Klas-
senräume. Im Zweiten Weltkrieg erlitt das Gebäude nur leichte Beschädigungen. Die zerstör-
te Turmuhr wurde erst 2001 wieder in Stand gesetzt. Das jetzige Uhrwerk stammt vom Dach der

Nürnberg, Berufsschule Fürther-Straße.

26

In der Berufsschule 2 werden vor allem Auszubildende des metallverarbeitenden Gewerbes unterrichtet. Die 1953 entstandene Fotografie zeigt einen der Lehrer beim Erklären einer Drehmaschine.

Schulhauseingang, Fotografie 2008.

1998 abgebrochenen Schweineschlachthalle des ehemaligen Nürnberger Schlachthofs an der Rothenburger Straße.

Zusammen mit dem 1882 entstandenen Schulhaus in der Kernstraße und den ab 1924 errichteten Schulwerkstätten in der Müllnerstraße bildet das Gebäude heute die Berufsschule 2, an der etwa 1.100 Schüler der metallverarbeitenden Berufe unterrichtet werden.

Die Ursprünge der heutigen Berufsschulen liegen in den Sonn- und Feiertagsschulen des 19. Jahrhundert. Diese sollten jungen Erwachsenen auch nach Beendigung der siebenjährigen allgemeinen Schulpflicht weitere Bildung ermöglichen. Hieraus entstanden ab 1873 die sogenannten Fortbildungsschulen mit berufsspezifischen Fachklassen. 1930 wurden diese in Berufsschulen umbenannt. Zu diesem Zeitpunkt glichen die Schulen in vielerlei Hinsicht bereits den heutigen Berufsschulen, einer der beiden Säulen des dualen Ausbildungssystems in Deutschlands.

⑦

PARK

Veit-Stoß-Anlage

Rund um die Dreieinigkeitskirche

Der Bau der Dreieinig-keitskirche wurde größtenteils mit Spenden finanziert. Zeitweilig bildeten die Gostenhofer Protestanten die größte evangelische Gemeinde Bayerns. Postkarte um 1905.

■ Die 1903 fertiggestellte evangelische Drei-einigkeitskirche dominiert die Südseite des Veit-Stoß-Platzes. Der Stadtteil Gostenhof verfügte lange Zeit über keine eigene Kirche und war daher der Gemeinde St. Leonhard zugeschlagen, die 1900 etwa 50.000 Mitglieder zählte. Um den Bau einer eigenen Kirche voranzutreiben, gründete sich bereits 1888 der Kirchenbauverein Gosten-hof-Kleinweidenmühle. Aus einem Architekten-wettbewerb ging der Nürnberger Architekt Emil Mecenseffy als Sieger hervor. Baubeginn für die

28

1926 entstand in der Veit-Stoß-Anlage ein großes Planschbecken sowie eine von der Bayerischen Milchversorgung betriebene Milchtrinkhalle. Fotografie 1926.

neue Kirche war im August 1900. Die Bombenangriffe des Zweiten Weltkrieges, vor allem ein Tagangriff am 21. Februar 1945, beschädigten die Kirche schwer. Erst 1950/51 wurde sie wieder aufgebaut.

Im Zusammenhang mit dem Kirchenbau entstand eine rechteckige Freifläche, die mit Ulmen und Ahornbäumen bepflanzt wurde. Ursprünglich war auch dieser Bereich für den Kirchenneubau vorgesehen gewesen, jedoch zwangen finanzielle Probleme die Gemeinde dazu, das geplante Gotteshaus zu verkleinern.

An der Nordostecke der Veit-Stoß-Anlage steht eine ehemalige öffentliche Bedürfnisanstalt aus dem Jahr 1900. Das Gebäude verfügte über sieben Aborte, ein Pissoir sowie einen Raum für die Aufseherin. Zu ihren Aufgaben gehörte es, frische Handtücher bereitzustellen und nach jeder Nutzung die Toiletten zu reinigen. Bis in die 1980er Jahre diente das beschauliche Gebäude als öffentliche Bedürfnisanstalt, wurde dann jedoch aus Kostengründen geschlossen. Seit 2014 befindet sich hier ein kleiner Imbiss.

⑧

Eisenbahndenkmal

Vom Adler zur U-Bahn

Die dreisprachige Darstellung zeigt die Fahrt der ersten deutschen Eisenbahn im Jahr 1835 vor dem Panorama der Nürnberger Altstadt. Neben der Dampflok, dem »Adler«, sind die drei verschiedenen Waggonklassen zu erkennen. Lithografie um 1840.

Seit ihrer Eröffnung im Jahr 1804 prägt der Verkehr das Bild der Fürther Straße. In den Anfangsjahren nutzten vor allem Fuhrwerke und Fußgänger die neue Chaussee. Die Straße war anfangs mit Pflastersteinen aus Wendelsteiner Quarzit belegt. Wegen zu geringer Wölbung und fehlender Seitengräben sammelte sich jedoch auf der Straße das Wasser, das sie vor allem im Winter in eine Eisbahn verwandelte und zeitweise unpassierbar machte. Die Straße wurde daher

La première route de fer EN ALLEMAGNE entre Nuremberg & Furth.

Deutschland's erste Eisenbahn zwischen NÜRNBERG und FUERTH.

The first rail-road IN GERMANY between Nuremberg and Furth.

1890 wurde auf dem Plärrer das Eisenbahndenkmal in Form eines Kunstbrunnens mit den Allegorien der beiden Nachbarstädte Nürnberg und Fürth eingeweiht. Ansichtskarte um 1900.

Allegorie der Stadt Fürth, Fotografie 2017.

in den 1820er Jahren komplett umgebaut und erhielt eine Deckschicht aus Kies. Erst mit dem Bau der Kanalisation in den 1870er Jahren bekam sie wieder eine Pflasterung. Trotz aller Probleme hatte sich die Fürther Straße jedoch schon bald zur verkehrsreichsten Straße Bayerns entwickelt: einer der Gründe für den Bau der ersten deutschen Eisenbahn entlang eben dieser Strecke.

Hieran erinnert bis heute der 1890 ursprünglich auf dem Plärrer aufgestellte Kunstbrunnen von Heinrich Schwabe. Den zehn Meter hohen Obelisken ziert ein füllhorntragender Putto auf einem geflügelten Rad. Letzteres soll den Siegeszug der Eisenbahn symbolisieren. Die beiden Figuren an den Seiten des Denkmals zeigen Allegorien der beiden Städte – Noris und Furthia. 1929 wurde der Brunnen im Rahmen der Umgestaltung des Plärrers an die Stadtgrenze zwischen Nürnberg und Fürth verlegt und 1965 wiederum an eine kleine Grünanlage direkt am Frankenschnellweg verbracht. Erst 1993 wurde das Denkmal auf Initiative des Unternehmers und Mäzens Kurt Klutentreter an seinen heutigen Standort verlegt.

Die 1882 entstandene Fotografie von Ferdinand Schmidt zeigt das ein Jahr zuvor eröffnete Pferdebahndepot auf Höhe der Maximilianstraße.

Die »Ludwigs-Eisenbahn-Gesellschaft Nürnberg« hatte sich 1833 als Initiative des Nürnberger Bürgertums gegründet. An der Spitze der Aktiengesellschaft standen der Kaufmann Georg Zacharias Platner sowie der zweite Bürgermeister und Leiter der Polytechnischen Schule, Johannes Scharrer. Obgleich die projektierte Eisenbahnlinie nach dem bayerischen König Ludwig I. benannt war, sah dieser das Projekt skeptisch. Er fürchtete Konkurrenz und Einnahmeverluste bei dem von ihm favorisierten Infrastrukturprojekt – dem Ludwig-Donau-Main Kanal. Aus diesem Grund untersagte er auch einen Weiterbau der Ludwigsbahn Richtung Würzburg oder Regensburg.

Trotz der fehlenden Unterstützung durch die bayerische Staatsregierung konnte die Strecke bereits zwei Jahre später eröffnet werden. Am 7. Dezember 1835 rollte der erste Dampfzug mit 200 Gästen an Bord von Nürnberg nach Fürth. Die Lokomotive »Adler« stammte von der Firma Stephenson aus Newcastle und wurde in Kisten

Bis 1922 verkehrte die Ludwigseisenbahn zwischen dem 1872 errichteten Bahnhof vor dem Spittlertor und Fürth. Fotografie 1889.

Die eingezäunte Ludwigsbahn auf der Höhe Schuhmannstraße, Fotografie 1922.

verpackt nach Nürnberg gebracht, wo sie in der Werkstatt des Mechanikers Wilhelm Spaeth wieder zusammengebaut wurde.

Ein Zeitungsredakteur hielt das legendäre Ereignis der ersten Fahrt folgendermaßen fest: »Dem schnaubenden Ausatmen eines riesenhaften vorsintflutlichen Stiers vergleichbar, fuhren die Dampfwolken in gewaltigen Stößen aus dem Schlot der Maschine heraus. Immer schneller wiederholten sich die Dampfwolken. Rasch rollten die Wagen dahin und waren in wenigen Minuten den Blicken der Nachschauenden entschwunden. Eine unermessliche Menschenmenge jauchzte und jubelte den Vorüberfahrenden zu, und fast gewährte der Anblick des vorbeieilenden Wagenzuges ein größeres Vergnügen als das Fahren selbst, da sich beim Betrachten aus der Ferne das Gefühl der gewaltigen, wundersam wirkenden Kraft weit stärker aufdrängte.« Wohlgemerkt, die Bahn fuhr mit ihren sechs bis neun Wagen lediglich eine Geschwindigkeit von 24 bis 30 km/h.

Die Ludwigseisenbahn war in den ersten Jahren sehr erfolgreich und beförderte jährlich bis zu einer halben Million Fahrgäste. Auch für die Aktionäre erwies sich die Bahn als ein hervorragendes Geschäft, betrug doch die Dividende bereits im ersten Betriebsjahr 10%, im Jahr darauf sogar 16%. Anfangs wurden neben Dampf- auch Pferdebahnfahrten durchgeführt, erst 1863 stellte man komplett auf Dampfbetrieb um. Die Lokomotive »Adler« wurde 1857 ausgemustert und durch eine stärkere und im Betrieb günstigere Lokomotive aus deutscher Produktion ersetzt. Der »Adler« gilt heute als verschollen, allerdings besitzt das Nürnberger Verkehrsmuseum einen fahrtüchtigen Nachbau von 1935.

Neben den Bahnhöfen an den beiden Endpunkten in Nürnberg und Fürth verfügte die Ludwigsbahn über drei Unterwegsbahnhöfe, an der Maximilianstraße, in Muggenhof und in Fürth an der Jakobinenstraße. Seit 1881 verkehrte parallel zur Ludwigseisenbahn die Pferdebahn, seit 1896 die Straßenbahn. Dennoch blieben die Passagierzahlen anfangs relativ stabil. Während die Ei-

Anlässlich des Eisenbahnjubiläums 1985 verkehrte ein fahrtüchtiger Nachbau des Adlers zwischen Nürnberg und Fürth. Er fuhr nun jedoch auf der parallel zur ursprünglichen Trasse verlaufenden Strecke der 1844 eröffneten bayerischen Süd-Nord-Bahn. Fotografie 1985.

Fürther Straße 74

Die Straßenbahn nutzte elf Jahre lang die für die geplante U-Bahn bereits fertiggestellte Hochbahnbrücke zwischen Muggenhof und der Stadtgrenze. Fotografie 1981.

senbahn als schnelle Direktverbindung zwischen den beiden Städten diente, verfügte die Straßenbahn über eine große Zahl an Haltestellen entlang der Strecke.

1922 wurde der Eisenbahnbetrieb aus Unrentabilität eingestellt und durch Straßenbahnen ersetzt. Seit 1927 verkehrten Schnellstraßenbahnen auf der ehemaligen Trasse der Ludwigseisenbahn, die die Fahrgäste in 20 Minuten von Nürnberg nach Fürth brachten. Für die Nürnberger-Fürther Straßenbahn war die Fürther Straße eine der wichtigsten Strecken. Hier befand sich auch das erste Depot der Pferdebahn sowie das Straßenbahnhauptwerk in Muggenhof. Erst 1964 wurde die Trasse endgültig an die beiden Städte Nürnberg und Fürth verkauft, 1969 löste sich die »Ludwigs-Eisenbahn-Gesellschaft« auf.

Mit dem U-Bahnbau in den 1970er Jahren veränderte die Fürther Straße abermals ihr Gesicht. Zwischen Plärrer und Maximilianstraße verläuft die U-Bahn vollständig unter der Erde, weshalb der Bereich darüber komplett neu gestaltet werden konnte. Die Verschmälerung der Fahrstreifen ermöglichte breite Bürgersteige und eine stärkere Begrünung. Darüberhinaus wurde der Autoverkehr durch eine gewundene Straßenführung verlangsamt.

35

⑨

Justizpalast

Schauplatz der Weltgeschichte

Ein großer Uhrenturm dominierte das Hauptgebäude des neuen Justizpalastes an der Fürther Straße. Planzeichnung 1917.

■ Der 1916 feierlich eingeweihte Justizpalast beherbergt neben dem Oberlandesgericht weitere Gerichtsbarkeiten, vom Landesgericht über das Amtsgericht bis zum Vormundschafts- und Schwurgericht. Diese Unterteilung ist das Ergebnis mehrerer Reformen in der zweiten Hälfte des 19. Jahrhunderts mit dem Ziel einer strikten Gewaltentrennung von Verwaltung und Justiz sowie der Schaffung der heute noch gültigen Instanzenhierarchie mit öffentlichen Prozessen.

Der feierlichen Einweihung des Justizpalastes am 11. September 1916 wohnte auch der bayerische König Ludwig III. bei. Ecke Bärenschanzstraße / Fürther Straße. Fotografie 1916.

Die Kalksteinfiguren im dritten Stock repräsentieren bedeutende Rechtsgelehrte. Fotografie um 1930.

Das erste zentrale Justizgebäude Nürnbergs war ab 1873 in der Augustinerstraße errichtet worden. Aus Platznot zog das Oberlandesgericht 1902 in einen Neubau an der Weintraubengasse um. Bereits ab 1906 bemühten sich die Stadt und der Landtag um einen geeigneten Bauplatz für ein alle Instanzen beherbergendes neues Justizgebäude.

Nach Plänen des staatlichen Architekten Hugo von Höfl, von ihm stammen auch die Gerichtsgebäude in Bamberg und Regensburg, wurde ab 1909 mit dem Neubau auf dem Gelände der 1865–68 errichteten Justizvollzugsanstalt an der Fürther Straße begonnen. Höfl erschuf eine schlichte dreiflügelige Anlage aus rötlich-braunem Sandstein im Stil der Neu-Renaissance.

Der einzige bauplastische Schmuck an der Außenfassade sind die Statuen von dreizehn bedeutenden Rechtsgelehrten. Die chronologische Reihung wird angeführt vom oströmischen Kaiser Justinian (reg. 527–565) und endet mit Paul Johann Anselm von Feuerbach (1755–1833).

Der um drei Innenhöfe gruppierte Justizpalast bildet zusammen mit seinen Nebengebäuden das größte Gerichtsgebäude Bayerns. Hinter dem Gebäudekomplex lag das 1868 eröffnete Zellengefängnis mit seinen strahlenförmig angeordneten Zellentrakten. Rechts unten im Bild der Ostflügel mit dem Schwurgerichtssaal 600. Ansichtskarte 1920er Jahre.

Im Inneren ist das Gebäude sehr schlicht gehalten, wenngleich für Hallen, Treppenhäuser, Sitzungssäle und die Bibliothek edle Hölzer und Marmor zum Einsatz kamen. In technischer Hinsicht war das neue Justizgebäude wegweisend. So wurde ein unterirdischer Verbindungsgang zur Haftanstalt errichtet und fünf spezielle Personenaufzüge installiert, um die Angeklagten von der Untersuchungshaft direkt und sicher in die Sitzungssäle zu befördern. Die Telefonanlage mit 430 Nebenstellenanschlüssen galt als eine der leistungsstärksten in ganz Bayern.

Bereits vor der eigentlichen Einweihung des Gebäudes begann 1914 eine Zweckentfremdung des bereits fertiggestellten Westflügels als Lazarett. Seit 1916 wurden auch die anderen Gebäudeteile von den Militärbehörden in Beschlag

Der Blick in den Schwurgerichtssaal 600 zeigt links die Anklagebank mit den 21 Hauptangeklagten der Nürnberger Prozesse. Davor sitzen deren Anwälte, am rechten Bildrand befindet sich das erhöhte Podium der insgesamt acht Richter. Fotografie Ray D'Addario 1945.

genommen, so dass das Gebäude erst 1922 der Justiz zur Verfügung stand. Aber bereits Anfang des Zweiten Weltkriegs begann eine erneute Fremdnutzung seitens militärischer, staatlicher und kommunaler Behörden.

Nach Kriegsende wurde das Gebäude von den Amerikanern aquiriert und im Saal 600 fanden 1945/46 die »Nürnberger Prozesse« gegen die Hauptkriegsverbrecher sowie danach bis 1949 die zwölf Nachfolgeprozesse gegen Ärzte, Juristen, Unternehmer, Generäle und Diplomaten statt.

Erst in den 1960er Jahren zogen die ausgelagerten Justizbehörden an ihren angestammten Platz zurück. Das Gebäude an der Fürther Straße beherbergt heute 900 Mitarbeiter in 550 Büroräumen und verfügt über 55 Sitzungssäle.

Mit der Fertigstellung eines Erweiterungsbaus 2018 mit neuem Schwurgerichtssaal wird das Strafjustizzentrum um 3.400 qm Nutzfläche erweitert. Der Schwurgerichtssaal 600 wird im Anschluss einer musealen Verwendung als Teil des Memoriums Nürnberger Prozesse zugeführt.

IT-DIENSTLEISTER

⑩

DATEV

Von der Kaserne zum IT-Standort

■ Neben der Eisenbahn prägten lange Zeit Militäranlagen den Stadtteil Gostenhof, vor allem im Bereich der ehemaligen Bärenschanze und entlang der Bärenschanzstraße. Seit 1806 war Nürnberg Garnisonsstadt, ab 1832 war ein Teil des 1. Regiments der leichten Reiterei (Chevaulegers) in der Bärenschanzkaserne stationiert.

Unabhängig von den militärischen Einrichtungen an der Bärenschanzstraße entstand ab 1884 entlang der Fürther Straße die Bataillonskaserne. Das Areal war zu diesem Zeitpunkt noch an drei Seiten von Äckern umgeben, die allerdings bereits als Bauland ausgewiesen waren. Die gute Verkehrsanbindung sowie der günstige Kaufpreis und die Größe des Grundstücks hatten den Ausschlag bei der Standortwahl gegeben. Das bisher in der Kaiserstallung stationierte III. Bataillon des 14. Infanterieregiments »Hartmann« wurde 1886 in den Kasernenneubau verlegt.

Während des Ersten Weltkriegs wurde die Kaserne mit Ausbildungs- und Ersatzeinheiten belegt. Das 14. Infanterieregiment wurde an der Westfront (Frankreich) eingesetzt und hatte bei einer Stärke von 1.700 Mann

Eine von Mitarbeitern gestaltete Metallskulptur prägt den Eingangsbereich des Campus. Fotografie 2015.

NÜRNBERG. Batl. Kaserne 14. Inf.-Rgt.

Die 1886 bezogene Bataillonskaserne bot Platz für 650 Soldaten und 60 Pferde des Königlich-Bayerischen Infanterie-Regiments. Die Reste des schwer beschädigten Gebäudes wurden 1956 gesprengt. Ansichtskarte 1912.

2.400 Mann an Verlusten zu beklagen. Insgesamt fielen im Ersten Weltkrieg etwa 10.000 Soldaten der Garnision Nürnberg. 1919 wurden die zurückkehrenden Einheiten im Zuge der Demobilisierung aufgelöst. Seit 1925 war die Bataillonskaserne von der Bayerischen Landespolizei belegt, 1936 zog das VIII. Wehrkreis-Generalkommando der Wehrmacht in das Gebäude.

Direkt nach dem Zweiten Weltkrieg diente das schwer beschädigte Gebäude kurzzeitig als Notunterkunft für ausgebombte Nürnberger und Flüchtlinge, wurde dann aber während der Nürnberger Prozesse aus Sicherheitsgründen geräumt. 1959 errichtete das nach eigenen Angaben

Seit 1958 befand sich auf dem ehemaligen Kasernengelände das Möbelversandhaus Hess, die spätere Möbel-Quelle. Fotografie 1959.

Seit 1974 bot die DATEV ihren Mitgliedern die Datenfernübertragung an. Über Standleitungen waren die Kanzleien fortan mit dem Rechenzentrum in Nürnberg verbunden.

»größte Möbel- und Einrichtungshaus Deutschlands«, Möbel Hess, auf dem Grundstück sein Versandzentrum. 1973 übernahm Quelle das Unternehmen und nutzte das Areal bis 2009 als Lager für die Möbel-Quelle sowie als Parkplatz für seine Mitarbeiter.

2015 eröffnete die DATEV auf dem Grundstück nach zweijähriger Bauzeit ihren IT-Campus mit insgesamt 1.800 Arbeitsplätzen – das bis dahin bedeutendste Bauvorhaben in der Geschichte der Steuerberater-Genossenschaft.

Die drei Vorstandsvorsitzenden der DATEV seit ihrer Gründung im Jahr 1966: in der Mitte Gründer Dr. Heinz Sebiger, rechts Prof. Dieter Kempf, links Dr. Robert Mayr, Vorstandsvorsitzender seit 2016. Fotografie 2016.

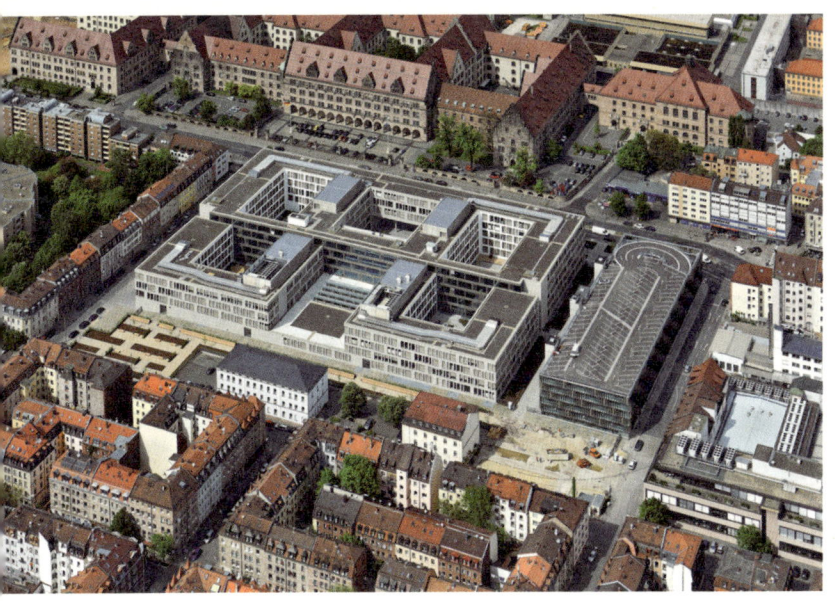

Die Luftaufnahme zeigt die Dimension des DATEV Campus mit dem danebenliegenden Parkhaus. Entlang der Adam-Klein-Straße entstand eine kleine Grünanlage, die auch den Stadtteilbewohnern offen steht. Hier blieb auch ein ehemaliges Kasernengebäude erhalten (Bildmitte mit grauem Dach). Fotografie 2016.

Die Anfänge der DATEV liegen nur wenige Meter entfernt in der Paumgartnerstraße, in den Räumen der ehemaligen Nürnberger Schraubenfabrik (NSF). Hier befindet sich seit 1969 das erste Rechenzentrum. Die Gründung der DATEV erfolgte drei Jahre zuvor mit dem Ziel, Steuerkanzleien, Wirtschaftsprüfer und Rechtsanwälte bei Buchführungsaufgaben zu entlasten und diese mit Hilfe von elektronischer Datenverarbeitung zu erleichtern. Die Initiative hierfür ging von dem Nürnberger Steuerberater Heinz Sebiger aus, der auch deren erster Vorstandsvorsitzender wurde. Heute beschäftigt die DATEV europaweit fast 7.000 Menschen – die meisten von ihnen in Nürnberg –, die die über 40.000 Mitglieder der Genossenschaft betreuen. Viele arbeiten an mehreren Standorten entlang der Fürther Straße: So nutzt die DATEV neben der ehemaligen NSF auch die Gebäude von Schuco, Höchst und der Haushaltswarenhandlung Pfeufer.

⑪

Rumänisch-orthodoxe Kirche

Bischofssitz und Kathedrale

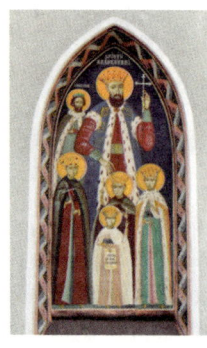

Die bemalte Wandnische links des Eingangs zeigt den heiligen Constantin Brancoveanu. Fotografie 2017.

■ Auf eine interessante Geschichte kann das Anwesen in der Fürther Straße 166 zurückblicken. Seit Anfang des letzten Jahrhunderts befand sich in dem Sandsteinhaus die Gastwirtschaft »Zum Schützenheim«, in der sich beim großen Streik 1909 in der benachbarten Zelluloidwarenfabrik der Gebrüder Wolff die streikenden Arbeiter versammelten.

Im Jahr 1926 Jahre erwarb die Gemeinde der Dreieinigkeitskirche das gesamte Anwesen und baute die im Hinterhof gelegene kleine Sporthalle ein Jahr später zu einem Betsaal um. In der Folge entstanden in der Fürther Straße 166 und 168 eine Diakoniestation des Kranken- und Armutshil-

Spielende Kinder unter der Obhut von Neuendettelsauer Diakonissen vor dem Betsaal im Hinterhof der Fürther Straße 166/168. Links ist die Aufschrift der benachbarten Zelluloidwarenfabrik der Gebrüder Wolff zu erkennen. Fotografie 1920er Jahre.

Der Umbau der Kirche, die im Jahr 2006 dem heiligen Demetrios geweiht wurde, orientierte sich an den Regeln der byzantinisch-ostkirchlichen Architektur und Ikonografie. Der Innenraum wurde von bekannten Ikonen-Künstlern aus Rumänien gestaltet. Fotografie 2017.

fevereins Gostenhof sowie die »Kinderbewahranstalt Gostenhof«, eine Vorläuferin heutiger Kindergärten. Mit der Einweihung der neuen Epiphaniaskirche in der Fürther Straße 153 im Jahr 1970 war der Betsaal überflüssig geworden und wurde an die griechisch-orthodoxe Gemeinde verpachtet. Diese wiederum verkaufte das Gebäude 1998 an die rumänisch-orthodoxe Gemeinde. Heute präsentiert sich das Innere des Gotteshauses in einer einzigartigen Farbenpracht. Kuppel, Decke und Wände zeigen Fresken in byzantinischer Tradition. Aber auch der Nürnberger Stadtpatron Sebald findet sich in den Wandmalereien, ebenso wie der Theologe und Widerstandskämpfer Dietrich Bonhoeffer.

Das Anwesen ist heute der Sitz eines Metropoliten, vergleichbar mit dem Rang eines Erzbischofs. Die Metropolie ist zuständig für Deutschland, Zentral- und Nordeuropa. Die kleine Kirche darf sich daher zu Recht als die einzige Kathedrale Nürnbergs bezeichnen.

⑫

Gebrüder Wolff

Nürnberger Zelluloidwarenfabrik

Das Bild zeigt die gesamte Ausdehnung der Zelluloidwarenfabrik Wolff. Am linken Bildrand erkennt man die Fürther Straße und die Villa mit den heute noch erhaltenen Fabrikgebäuden. Briefkopf von 1940.

■ Eine prächtige neobarocke Villa und einige gut erhaltene Backsteingebäude an der Fürther Straße 176 erinnern noch heute an die Blütezeit der Zelluloidindustrie in Nürnberg. Im Jahr 1894 hatten die Brüder Gustav und Willy Wolff dort eine »Celluloidwarenfabrikation« gegründet. Zelluloid war 1856 erfunden worden und zählt damit zu den ältesten Kunststoffen überhaupt.

Die Zelluloidwarenfabrik Wolff produzierte unter anderem Puppen und verschiedenes Spielzeug aus dem neuen Kunststoff. Die Firma profitierte in erheblichem Maße als Zulieferer der Zweiradindustrie, die sich ab 1888 entlang der Fürther Straße niedergelassen hatte. Vor allem

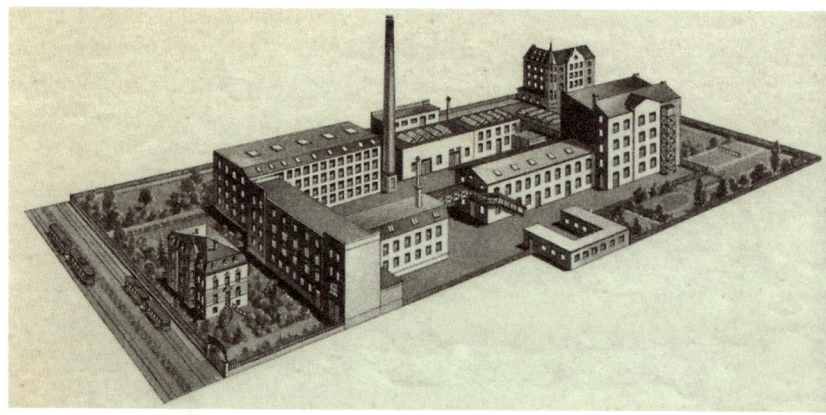

Eine Zelluloidpuppe inmitten zahlreicher Stehauffiguren aus der Produktion der Gebrüder Wolff. Fotografie um 1986.

Letzter Schlager
ges. gesch.

Originelle neue
Stehauf - Tiergruppe

Nürnberger Celluloidwarenfabrik
Gebr. Wolff GmbH.
Nürnberg-W,
Fürther Straße 176

Lenkergriffe und Schmutzfänger für die Schutzbleche waren gefragt. Wer es sich leisten konnte, besorgte sich noch eine Luftpumpe, ein durchsichtiges Ölkännchen oder einen staubsicheren Kettenkasten aus Zelluloid.

Im Jahr 1909 geriet die Firma durch einen landesweit beachteten Streik in die Schlagzeilen. Ausgelöst wurde der Arbeitskampf durch die Kürzung der Akkordlöhne um teilweise mehr als die Hälfte. Der Ausstand dauerte acht Wochen und forderte ein Todesopfer sowie zahlreiche Verletzte. Der Streik endete mit einer Zurücknahme der Lohnkürzungen. Ein Jahr später gerieten die »Wölffe« wegen ihrer Puppen unter Plagiatsverdacht, konnten aber den Prozess mit der Firma »Schildkröt« für sich entscheiden.

Die Fabrik der Gebrüder Wolff wurde Ende der 1930er Jahre ein Opfer der nationalsozialistischen Zwangsarisierungen und Willy Wolff emigrierte nach London.

Heute befinden sich in der Villa Büros, die Fabrikgebäude werden anderweitig genutzt.

⑬

Balmberger

Prägeanstalt

Das »Straßenbahn-zwanzgerla« von 1921 diente als Ersatz für das fehlende Münzgeld. Fotografie 2017.

Anlässlich der Feierlich-keiten zum 140-jährigen Jubiläums der Ludwigsei-senbahn entstand bei Balmberger im Jahr 1975 eine Gedenkmünze mit dem »Adler« als Motiv. Fotografie 2017.

■ Im Jahr 1905 erwarb Friedrich Balmberger die Fabrikgebäude an der Fürther Straße 199 von der Elektrizitätsgesellschaft Soldan & Co. und eta-blierte dort seine Gravier- und Prägeanstalt. Die Firma Balmberger hatte bereits seit den 1870er Jahren in ihrem Betrieb in Gostenhof ein um-fangreiches Sortiment von Gedenkmünzen, Me-daillen und verschiedenen Prägemarken ange-boten. So wurden im Jahr 1897 täglich etwa 8.000 Medaillen, Festmünzen, Wallfahrtsan-denken und annähernd 80.000 Biermarken, Zählmarken, Fabrik- und Spielmarken pro-duziert. Kein Wunder, dass die kleine Fabrik in der Oberen Kanalstraße zunehmend an ihre Grenzen stieß. In den neuen Fabrikati-onsräumen im aufstrebenden Industriegebiet an der Fürther Straße konnte Balmberger bald auch seine Produktpalette erweitern. Ent-gegen kam ihm eine Liberalisierung des Vereins-rechts, die auch in Nürnberg einen wahren Boom an Vereinsgründungen auslöste. Mit der Herstel-lung und dem Verkauf von Vereinsabzeichen ent-stand ein neuer ertragreicher Absatzmarkt.

Mit der Gleichschaltungspolitik der National-sozialisten kam das Vereinsleben weitgehend zum Erliegen. Die Firma Balmberger musste sich mit Billigschmuck und anderen Massenartikeln

Das Fabrikgebäude war Ende der 1890er Jahre von der Elektrizitätsgesellschaft Soldan & Co. errichtet und wenige Jahre später an die Prägeanstalt Balmberger verkauft worden. Fotografie um 1900.

über Wasser halten. Auch für die Reichsparteitage wurden in kleinerem Umfang Abzeichen und Medaillen geprägt. Im Zweiten Weltkrieg produzierte man in der Fürther Straße Koppelschlösser für das Militär. Nach schweren Bombenschäden ging das Werk Ende der 1940er Jahre wieder in Betrieb und besann sich seiner alten Produktpalette. Aus Altersgründen verkauften die Gebrüder Balmberger die Prägeanstalt 1968 an einen Architekten, der die Gebäude 1980 an den Quelle-Konzern veräußerte.

Heute beherbergt das schmuck restaurierte Backsteingebäude eine Bäckerei mit Café.

Verschiedene Abzeichen aus der Produktion der »Gravier- und Prägeanstalt Balmberger« Fotografie 1985.

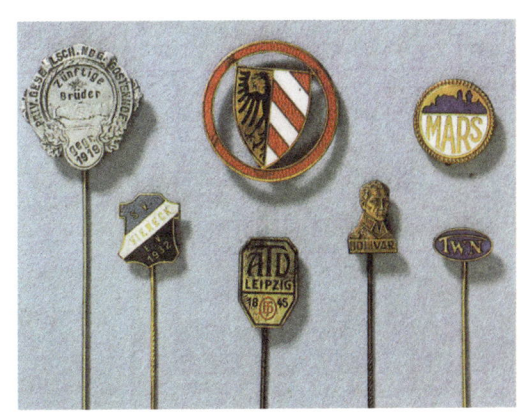

⑭

VOLKSFEST

Volksfestplatz

Platz für Menschenmassen

Die Nürnberger Volksfestgeschichte lässt sich bis in das Jahr 1826 zurückverfolgen. Anlässlich des Geburtstags des bayerischen Königs Ludwig I., den er in Nürnberg feierte, hatten die Nürnberger auf der Peterheide in Gleißhammer ein großes Fest ausgerichtet. Eine kontinuierliche Tradition entwickelte sich daraus aber erst einmal nicht. Von einer regelmäßigen Veranstaltung kann man erst ab den 1870er Jahren sprechen. Über die Jahre hinweg hatte sich auch kein fester Standort durchsetzen können.

Traditionell und farbenfroh mit Schiffsschaukel, Karussell und vielen Buden präsentierte sich das Volksfest an der Fürther Straße. Postkarte um 1935.

Im Jahr 1925 pachtete man deshalb vom Industrie- und Kulturverein ein großes Gelände an der Fürther Straße. Nach Erschließung des Grundstücks mit der nötigen Infrastruktur hatte das Nürnberger Volksfest einen geeigneten Standort gefunden. Der neue Platz erfüllte auch hinsichtlich der Nachfrage alle Erwartungen der Schausteller. Die Feierlaune der Nürnberger Bevölkerung schien auch in wirtschaftlich schwierigen Zeiten ungebrochen.

Maßgeblich am Erfolg des Volksfestes beteiligt war der 1888

50

im Jahr 1925 hatte das Nürnberger Volksfest endlich eine neue Heimat gefunden. Das Gelände an der Fürther Straße bot mit 70.000 Quadratmetern auch noch ausreichende Expansionsmöglichkeiten. Bei dem großen Gebäude in der oberen Bildmitte handelt es sich um die Abziehbilderfabrik Carl Schimpf. Fotografie um 1935.

gegründete »Süddeutsche Verein reisender Schausteller und Handelsleute«, der in der Lage war, die Interessen der einzelnen Mitglieder zu bündeln und umzusetzen.

Nach der Machtergreifung der NSDAP im Jahr 1933 wurde der Verein entmachtet, der Vorsitzende entlassen und die Führungsposten mit linientreuen Nationalsozialisten besetzt. Bei Kriegsbeginn im September 1939 wurde das Volksfest gar abgebrochen und von der Wehrmacht beschlagnahmt und auf dem Gelände ein »Heimatkraftfahrpark« eingerichtet.

Nach dem Krieg mussten auf dem Volksfestareal erst die Kriegsschäden beseitigt werden, bis im Jahr 1947 wieder ein Fest für die Nürnberger Bevölkerung stattfinden konnte. Das Volksfest fand dort letztmalig 1952 statt und musste dem geplanten Quelle-Versandhaus weichen.

Seit 1953 wird das Volksfest neben der ehemaligen Kongresshalle am Dutzendteich veranstaltet.

VERSAND-HANDEL

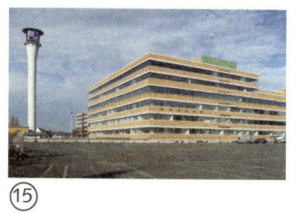

⑮

Quelle

»Europas größtes Versandhaus«

Über ein halbes Jahrhundert gehörte die Quelle zu den erfolgreichsten Unternehmen der Bundesrepublik. Heute blickt das über 250.000 Quadratmeter große ehemalige Versandgebäude in eine ungewisse Zukunft.

Bereits im Jahr 1927 gründete der Kaufmann Gustav Schickedanz in Fürth sein »Versandhaus Quelle«. Der junge Unternehmer schaffte in den folgenden Jahren den Spagat, Großhandel und Versandhandel unter einen Hut zu bringen, indem er vor allem in weiter entfernten Gegenden Ost- und Norddeutschlands und im Ruhrgebiet um Kunden warb. In dieser Zeit entstand die

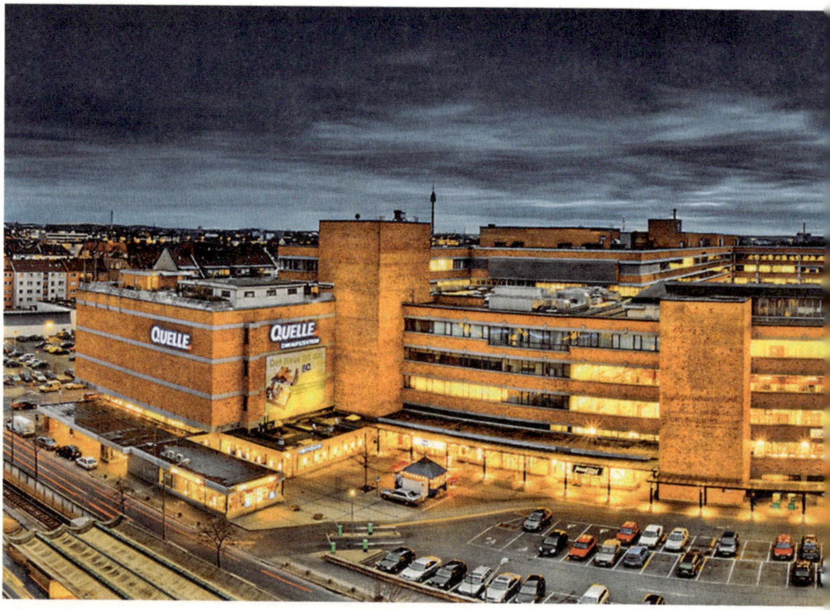

Seine erste Firma hatte Gustav Schickedanz 1922 unter dem Firmennamen »Schickedanz, Kurz- und Wollwaren en gros« gegründet. Nachbarinnen sollen ihn auf die Idee gebracht haben, seine Großhandelspreise auch einfachen Kundinnen zu bieten. Titelseite einer Sonderliste von 1932.

1952

1957

1975

berühmte Kundenkartei, die sich auch in späteren Jahren immer wieder als Grundlage seines Erfolgs entpuppte. Das Geschäft entwickelte sich hervorragend, da auch Qualität und Preis des Angebots stimmten.

Von den Nationalsozialisten wurde der Versandhandel jedoch als Unternehmensform gesehen, die durch eine »jüdisch beherrschte Niedrigpreispolitik für Ramsch- und Schundware den deutschen Einzelhandel gefährdete«. Gustav Schickedanz reagierte darauf mit einer notariellen Beglaubigung, dass »dieses Versandhaus ein rein christliches Unternehmen ist und ausnahmslos deutsche Waren verkauft«. Kurz vor der Machtergreifung trat er 1932 im kleinen Schwarzwaldort Ihringen der NSDAP bei. 1935 wurde er in den Fürther Stadtrat berufen. Im Jahr 1942 heiratete der Unternehmer sein ehemaliges Lehrmädchen Grete Lachner.

Nach dem Einmarsch der Amerikaner erhielt Gustav Schickedanz Berufsverbot und durfte sein Unternehmen nicht mehr betreten. In dieser Zeit führte Grete Schickedanz die Geschäfte weiter.

Anlässlich des Richtfestes im Jahr 1955 konnten Interessierte das Modell des künftigen Versandzentrums bestaunen. Die Pläne für das Hochhaus wurden später fallen gelassen. Fotografie 1955.

Richtfest auf der Bau-
stelle. Nach Abschluss
der gesamten Bauarbei-
ten soll Schickedanz
geäußert haben: »Wir
haben alle Rücklagen
aufgezehrt. Wir müssen
uns jetzt wieder ans
Geldverdienen machen«.
Links der Bauherr, in der
Bildmitte der Architekt
Ernst Neufert. Fotografie
1955.

1961

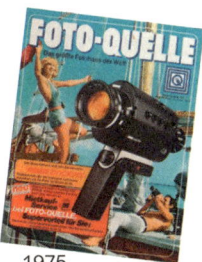

1975

1991

Schickedanz wurde vorgeworfen, sich während des Nationalsozialismus bei der Übernahme von jüdischen Unternehmen bereichert zu haben. In einem Zwischenbericht für die Spruchkammer Fürth vom August 1947 liest sich das wie folgt: »Nach Meinung des zuständigen Obersekretärs Heinrich vom Grundbuchamt Fürth sind diese Kaufverträge wohl rechtskräftig, aber nicht preiswürdig und es ist anzunehmen, dass Schickedanz hier mit Hilfe der Partei und sonstiger Stellen Arisierungsgewinne erzielte«.

Nach der Entscheidung der Hauptspruchkammer Nürnberg im Jahr 1949, ihn als »Mitläufer« einzustufen, bekam er sein Unternehmen zurück. Dessen Umsatz stieg bald kontinuierlich und übertraf im Jahr 1952 erstmals 100 Millionen Mark. Allerdings kam die Firma nun zunehmend räumlich an ihre Grenzen. 1953 erwarb Schickedanz daher an der Fürther Straße das Volksfestareal für den Neubau eines Versandzentrums.

Als Architekt hatte Schickedanz Ernst Neufert gewonnen, der sich bereits durch verschiedene Industriebauten einen Namen gemacht hatte. Der gelernte Maurer hatte in den 1920er Jahren beim Bauhaus in Weimar mit Walter Gropius gearbeitet und später mit dem Standardwerk »Bauentwurfslehre« für Architekten und das Baugewerbe Berühmtheit erlangt. Neufert, der als

Der Quelle-Turm wurde 1964 ebenfalls nach den Plänen von Ernst Neufert errichtet. Als Kamin für die Heizungsanlage erfüllte er bis zur Umstellung auf Fernwärme im Jahr 2000 seinen Dienst. Über Jahrzehnte leuchtete an seiner Spitze das bekannte Quelle-Logo über Nürnberg. Es wurde in den 1950er Jahren eingeführt und soll die »Freundschaftshand« oder »offene Hand« des ehrlichen Kaufmanns symbolisieren. Der etwa 90 Meter hohe Turm steht heute unter Denkmalschutz. Fotografie von 2005.

1977

54-jähriger noch den Flugschein erworben hatte, ließ es sich nicht nehmen, seine Baustellen mit dem Flugzeug anzusteuern. Bevor er in Nürnberg auf dem Quellegelände zur Landung ansetzte, konnte er sich mühelos mit »Pilotenblick« einen Überblick über den Fortgang der Bauarbeiten verschaffen.

In fünf Bauabschnitten entstand bis 1966 das neue Versandzentrum mit über 250.000 Quadratmetern Gesamtfläche. In den Folgejahren erlebte die Quelle einen ungeheuren Aufschwung und viele neue Geschäftsbereiche wurden erschlossen. Dazu gehörten unter anderem Foto-Quelle (1961), Reise-Quelle (1962), Quelle-Fertighaus (1962), Garten-Quelle (1970) und Küchen-Quelle (1978). Aus der 1956 gegründeten Noris Kaufhilfe entstand 1968 die Noris Bank.

Mit zunehmendem wirtschaftlichem Erfolg zeigten sich Gustav und Grete Schickedanz auch von ihrer caritativen Seite. Zahlreiche Projekte im Sozialbereich gehen auf ihre Initiative zurück. Im Jahr 1965 entstand die Gustav-Schickedanz-Stiftung zur Förderung begabter Kinder. Nach dem Tod von Gustav Schickedanz im Jahr 1977 übernahm seine Frau Grete die Geschäftsführung, bis sie sich 1992 mit über 80 Jahren aus dem Unternehmen zurückzog.

Die Fusion mit der Karstadt AG im Jahr 1999 machte die nun entstandene Karstadt Quelle AG zu Europas größtem Warenhaus- und Versandhauskonzern mit 116.000 Mitarbeiterinnen und Mitarbeitern und 32 Milliarden DM Jahresumsatz. Der legendäre Quelle-Katalog erreichte 2003 eine Auflage von 9,9 Millionen Exemplaren. Ein Jahr später machte der Konzern bereits große Verluste, was auch die Umbenennung 2007 in

Im Inneren des neuen Versandzentrums sorgten geschulte Mitarbeiterinnen und ein ausgeklügeltes System von Förderbändern und Paternosteranlagen dafür, dass eine Bestellung ab Posteingang innerhalb von sechs Stunden das Versandhaus verließ. Fotografie 1950er Jahre.

Der hundertste Hauptkatalog erschien 2003 und umfasste stolze 1.450 Seiten. Der letzte Quelle-Katalog erschien 2009.

den wohlklingenden Namen »Arcandor« nicht wesentlich änderte. Im Jahr 2009 beantragte »Arcandor« die Eröffnung eines Insolvenzverfahrens. Trotz finanzieller Intervention der Bundesregierung und einiger Bundesländer konnte das endgültige Aus nicht mehr verhindert werden. 7.000 Menschen verloren ihren Arbeitsplatz.

Nach jahrelanger Zwangsverwaltung wurden die Quelle-Gebäude 2015 von einem portugiesischen Investor ersteigert, der dort ein Einkaufszentrum errichten möchte. Dies würde allerdings nur einen kleinen Teil des riesigen Bauwerks belegen. Eine mögliche neue Nutzung des restlichen Gebäudekomplexes ist derzeit unklar und würde größere architektonische Eingriffe erfordern.

Ein Großteil der alten Parkflächen wurde für den Wohnungsbau freigegeben. Den alten Busparkplatz östlich des Quellegebäudes hat die Stadt Nürnberg erworben und plant dort einen Quartierspark.

⑯

FAHRRAD

Triumph-Adler

Zentrum der Zweiradindustrie

Der Nürnberger Siegfried Bettmann (1863–1951) wanderte als 21-jähriger nach England aus und gründete 1887 die »Triumph Cycle Company Ltd«. 1913/14 war er Bürgermeister von Coventry. Gemälde 1914.

Werbemarke für »Triumph Fahrräder«

■ Nürnberg verdankte seinen Ruf als Hochburg der deutschen Zweiradindustrie vor allem den seit den 1880er Jahren gegründeten Fabriken entlang der Fürther Straße im neuen Industriequartier zwischen Muggenhof und der Fürther Stadtgrenze: Neben Triumph waren dies Premier Cycle, Hercules, Mars, Panzer und Sirius. Nach dem Ende des Fahrradbooms stellten die Firmen bald auch mit großem Erfolg Motorräder her. Während die Zerstörungen und Demontagen durch den Zweiten Weltkrieg noch verkraftet worden waren und zu einem kurzfristigen Hoch in den 1950er Jahren führten, brachte der Siegeszug des Automobils das endgültige Aus für Nürnbergs Zweiradindustrie.

Von den Werksanlagen der Zweiradfabriken haben sich bis heute lediglich die der ehemaligen Triumph-Werke erhalten: 1897 waren die im Jahr zuvor in Nürnberg gegründeten Deutsche Triumph Fahrradwerke AG in das neuerrichtete Werk an der Fürther Straße 212 gezogen. Das 1887 an den Start gegangene englische Mutterwerk in Coventry – dem Zentrum der englischen Fahrradindustrie – hatte die Nachfrage aus Deutschland und anderen Ländern des Kontinents nach dem neuen Fortbewegungsartikel nicht mehr befriedigen können. Bereits im ersten Jahr arbei-

„TRIUMPH"
Jedes Rad ein Musterrad!

DEUTSCHE TRIUMPH-FAHRRAD-WERKE A.G. NÜRNBERG

Die Werksanlagen der »Deutsche Triumph Fahrrad-Werke A.G. Nürnberg« an der Fürther Straße, Ecke Regerstraße auf einer Werbeanzeige aus dem Jahr 1911. Auf der 1897 errichteten Übungsbahn (links) »erlernten die Käufer die Kunst des Radfahrens«.

Hohe Qualität, ein gutes Preis-Leistungsverhältnis sowie eine gezielte Förderung der Motorisierung sicherten den Aufschwung der Triumph-Motorradfertigung in den 1930er Jahren. Rechts im Bild die Triumph »BD 250« aus dem Jahr 1939.

tete das Nürnberger Werk, finanziert unter anderen von dem Nürnberger Bankhaus Joseph Kohn, mit Gewinn und produzierte mit 100 Mitarbeitern 70–75 Räder pro Tag. Großen Anteil am Erfolg hatte der Nürnberger Radrennfahrer Carl Schwemmer, der als erfolgreicher Verkäufer die Generalvertretung für den Kontinent erhielt.

Bereits 1903 begannen die Triumphwerke als eine der ersten mit dem zeitweiligen Bau von

Ein Mosaik mit Triumph-Logo hat sich erhalten und ziert den Eingang des heutigen TA-Mittelstandszentrums, Fotografie 2012.

In den Wirtschaftswunderjahren setzten Schreibmaschinen ihren Siegeszug verstärkt fort. Die Triumph Matura galt zu ihrer Zeit als Königin der Schreibmaschinen. Werbeanzeige 1952.

Motorrädern. Erst in den 1920er Jahren gelang dann den motorisierten Rädern der Durchbruch: Der unverwüstliche Triumph-»Knirps«, das erste deutsche Zweitakter-Motorrad, wurde ein Verkaufsschlager der Zwanziger.

1909 begann Triumph mit der Fertigung von Schreibmaschinen. Nur elf Jahre zuvor hatten die Frankfurter Adlerwerke in Deutschland die erste Schreibmaschine auf den Markt gebracht. Sie war ein weiteres typisches Erfolgsprodukt des Industriezeitalters mit seiner zunehmenden schriftlichen Fixierung von Verwaltungsvorgängen. 1911 begründeten die Triumph Werke mit dem Schreibmaschinenmodell »Triumph 2« ihren legendären Ruf und verkauften jährlich 2.000 Maschinen in alle Welt. Den bis dahin in Deutschland größten Auftrag erhielt die Firma 1925, als die Deutsche Reichspost für den Telegraphenbetrieb 600 Schreibmaschinen bestellte. Das 1927 auf den Markt gebrachte »Modell 10« galt als eine der besten Büromaschinen und wurde ebenfalls zum Exporterfolg. Eine Entwicklungs- und Vertriebskooperation mit Adler und die Einführung der Serienfließfertigung waren Voraussetzung für den Erfolg ihres Rekordjahres 1938, in dem mit 1.800 Mitarbeitern 15 Millionen Reichsmark Umsatz erwirtschaftet wurden.

1957 erwarb der Fürther Radiopionier Max Grundig die Aktienmehrheit und setzte

TRIUMPH WERKE NÜRNBERG A.-G.
Fabrikation von Fahrrädern, Motorrädern, Schreibmaschinen und Buchungsmaschinen

Briefkopf der Triumph Werke Nürnberg AG um 1930 mit den alten (rechts) und neuen Werksanlagen entlang der Fürther Straße aus den 1920er Jahren (links).

Viel Handarbeit und hoher Personalaufwand: Montage mechanischer Schreibmaschinen bei Triumph. Fotografie 1972.

ausschließlich auf Büromaschinen, die Zweiradproduktion wurde komplett eingestellt. Bis 1968 wurde die Kooperation mit den Adlerwerken zur Triumph-Adler Gruppe im Grundig Konzern vollzogen: Triumph-Adler beschäftigt nun 8.200 Mitarbeiter. Die folgenden 25 Jahre waren von häufigen Eigentümerwechseln, vor allem aber durch die radikalen Umbrüche des beginnenden digitalen Zeitalter geprägt: 1971 wurde der erste Volkscomputer im Kofferformat vorgestellt, 1977 war man Marktführer bei Bürocomputern, 1991 wurde ein Notebook mit Farbdisplay produziert.

Aber bereits 1993 wurde das Nürnberger Werk abgewickelt und von dem Nürnberger Immobilienentwickler Gerd Schmelzer zusammen

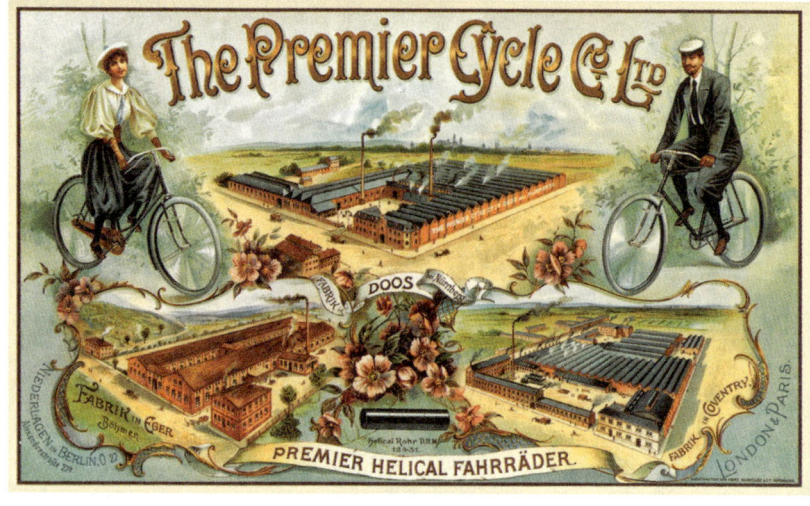

Die Werbepostkarte der Premier Cycle Werke zeigt oben die Fabrikanlage in »Doos« – eigentlich Muggenhof – und unten die Fabriken in Eger (links) sowie den Stammsitz in Coventry, um 1910.

mit den angrenzenden Flächen der ehemaligen Braun Camera Werke zum TA Mittelstandszentrum umgebaut. Heute sind hier in verschiedenen Firmen und Einrichtungen wieder etwa 2.000 Menschen beschäftigt.

Schräg gegenüber von Triumph produzierte in der Fürther Straße 193–195 von 1895 bis 1963 die Firma Hercules Zweiräder. Gründer und langjähriger Eigentümer war Carl Marschütz (1863–1957), der in der ersten deutschen Fahrradfabrik »Goldschmid & Pirzer« in Neumarkt gelernt und 1886 in Gostenhof seine eigene Fahr-

Die Premier Cycle Werke (links) in der Raabstraße/Ecke Fahrradstraße mit Anwohnern. Die Werksanlagen wurden nach der Schließung zuerst von den Bing Werken und später der AEG übernommen. Postkarte um 1900.

Werbeplakat der
Hercules Fahrrad-Werke
Nürnberg zur Bayeri-
schen Landesausstellung
1896.

Wie viele der Nürnber-
ger Fahrradpioniere war
der Hercules-Gründer
Carl Marschütz jüdischer
Herkunft und musste in
der NS-Zeit nach Los
Angeles emigrieren.
Er blieb seiner alten
Heimat verbunden und
ließ sich nach seinem
Tod 1957 im Grab seiner
Frau auf dem jüdischen
Friedhof in Nürnberg
beisetzen. Fotografie
1948.

radfabrik eröffnet hatte. 1893 begann die Firma
Paul Reißmann in Nürnberg-Doos als Ergänzung
zur saisonalen Ofenherstellung mit der Produktion ihrer Mars Fahrräder. Hinzu kamen die klei-
neren Manufakturen Sirius in Doos und Panzer in
der Eberhardshofstraße. Und bereits seit 1888
fertigte die Nürnberger Zweigniederlassung der in
Coventry ansässigen Premier Cycle Werke in der
Fahrradstraße als erste und lange größte der Fahr-
radfabriken entlang der Fürther Straße. Was bis
heute blieb, ist der Ruf Nürnbergs als ehemalige
Fahrradhochburg und einige der legendären Mar-
kennamen.

⑰

AEG

Waschmaschinen am laufenden Band

1919 errichtete die Stadt auf einem Grundstück an der Fürther Straße 260–280 entlang der Ringbahn elf Holzhäuser mit jeweils sechs Notwohnungen und versuchte damit, die Wohnungsnot ein wenig zu lindern. Das Provisorium existierte bis Anfang der 1960er Jahre, als die AEG das Areal erwarb. Fotografie 1920er Jahre.

Als am 9. März 2007 bei AEG die letzte Waschmaschine vom Band rollte, ging ein Stück Industriegeschichte in Nürnberg zu Ende. Auch ein sechswöchiger Streik vom 20. Januar bis 6. März 2006 konnte die vom Eigentümer Electrolux Ende 2005 verkündete Schließung und Verlagerung der Produktion nach Osteuropa nicht mehr verhindern. 1.750 Menschen im Nürnberger Westen verloren ihren Arbeitsplatz, obwohl das Werk schwarze Zahlen schrieb.

Die Geschichte des Industriestandorts zwischen Fürther Straße und Muggenhofer Straße reicht bis in das Jahr 1888 zurück, als die englische Firma »The Premier Cycles« dort die erste Fahrradfabrik im Nürnberger Westen errichtet hatte. Diese gab den Nürnberger Standort jedoch wieder auf und so konnte 1919 die Bing AG die

oben: AEG-Werbeplakate für einen Kühlschrank (1930er Jahre) und eine Waschmaschine (1950er Jahre).

unten: Waschmaschinen-Montage im Nürnberger AEG-Werk. Fotografie 1950er Jahre.

Reklamemarken
um 1915.

brach liegenden Fertigungshallen übernehmen und dort eine Fabrik für Elektroartikel einrichten. 1921 gründete man mit der AEG die »Elektrobeheizungsgesellschaft mbH«, die zu gleichen Teilen von der AEG und Elektro-Bing getragen wurde. Drei Jahre später erwarb die AEG sämtliche Geschäftsanteile und machte das alte Fabrikgebäude an der Ecke Fahrradstraße und Raabstraße zum »Geburtsort« des späteren AEG-Standorts in Nürnberg. In den nächsten Jahrzehnten erfolgte eine kontinuierliche Erweiterung des Areals. Neben Elektroherden und Heißwasserspeichern verließen ab 1933 die ersten Kühlschränke die Fertigungshallen. Mit Kriegsbeginn begann die Umstellung auf Rüstungsgüter. Die Produktion wurde vor allem durch Frauen und Zwangsarbeiter aufrechterhalten.

Nach dem Wiederaufbau der im Krieg zerstörten Anlagen wurde bereits 1947 eine moderne Fertigungshalle für Elektrogeräte eingeweiht. Mit der Erfindung der Wellenrad-Waschmaschine konnte der erste Verkaufsschlager der Nachkriegszeit verzeichnet werden. Im Jahr 1958 gelang der AEG der große Wurf mit dem Lavamat-Vollwaschautomaten, bei dem Waschen und Schleudern in einem Gerät möglich war, ohne die Wäsche umzuladen zu müssen.

Die nächsten Jahrzehnte kann man als sehr wechselhaft bezeichnen. Gewinneinbrüche, darauf folgende Umstrukturierungen und Neuorganisationen und die Übernahme durch die Daimler-Benz AG im Jahr 1985 prägten diese Zeit. 1994 ging die Sparte Hausgeräte schließlich an den schwedischen Electrolux-Konzern, dessen Deutschland Holding auf das AEG-Areal zog.

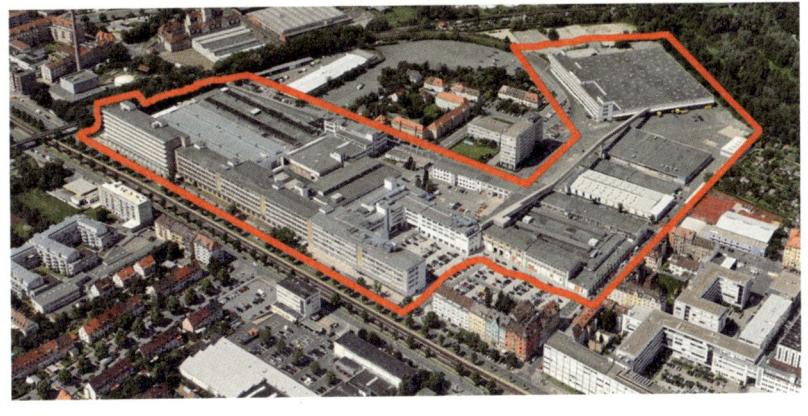

Die Luftaufnahme zeigt die Ausdehnung des ehemaligen AEG Standortes zwischen Fürther Straße (unten) und Pegnitztal, Fotografie 2014.

In der neuen Kulturwerkstatt haben 2016 Musikschule, Kulturbüro, KinderKunstRaum, Theaterakademie und Centro Español eine neue Heimat gefunden. Fotografie 2017.

2005 traf die Konzernleitung die Entscheidung, das profitable Nürnberger AEG-Hausgerätewerk zu schließen. Im Spitzenjahr 2003 waren noch 1,8 Millionen Waschmaschinen, Geschirrspüler und Wäschetrockner vom Band gelaufen.

Im Sommer 2007 erwarb die »MIB Fünfte Investitionsgesellschaft mbH« das AEG-Areal »mit dem Ziel, ein breites Spektrum von Nutzungsmöglichkeiten anzusiedeln«. Auf dem ehemaligen AEG-Gelände finden sich heute die verschiedensten Betriebe aus Handel, Dienstleistung, Handwerk und Industrie. Viele Künstler haben dort ihre Ateliers.

Eine Aufwertung hat das AEG-Areal auch durch das Fraunhofer Institut für Bauphysik, mehrere Lehrstühle der Technischen Fakultät und den Energie-Campus erfahren. Eine geplante Ansiedlung der Technischen Hochschule und der Technischen Fakultät wird jedoch nicht realisiert werden.

⑱

Gaststätten

Ausflugslokale an der Stadtgrenze

Die älteste Gastwirtschaft am Platz war zweifellos das »Muggenhofer Häusla« in der Fürther Str. 304, das seine Eröffnung stolz auf das Jahr 1818 zurückführte. Die Traditionswirtschaft an der Ecke Fuchsstraße wurde im Zweiten Weltkrieg zerstört. Fotografie 1912.

Nürnberg war über lange Zeit nicht nur das Zentrum des Hopfenhandels, sondern beeindruckte auch durch zahllose Bierwirtschaften, die im Verhältnis zur Einwohnerzahl sogar München übertrumpften. Die westliche Fürther Straße machte da keine Ausnahme.

Allein von der Maximilianstraße bis zur Stadtgrenze luden 14 Gasthäuser die Gäste zum Verweilen ein. Wirtshausnamen wie »Zum Radfahrerheim« oder »Zum Stahlross« erinnerten an die Bedeutung der Fahrradindustrie im Stadtteil.

Georg Pinzel's Café-Wein- & Bier-Restaurant, Nürnberg. Muggenhof.

Nur eine Postkarte zeigt noch von der Blütezeit von »Pinzel´s Café- Wein- & Bierrestaurant« in der Fürther Straße 308. Postkarte von 1906.

Restauration Feldschlösschen. Postkarte 1922 (Ausschnitt).

Westlich der Ringbahn reihte sich zu Beginn des 20. Jahrhunderts ein Ausflugslokal an das andere, wie beispielsweise das »Muggenhofer Häusla«, »Pinzel´s Café-Wein-& Bier Restaurant« und das »Feldschlösschen«, das sich an der Fürther Straße 303 befand. Der »Restaurateur« Jakob Hagelauer umwarb die Gäste in einer Anzeige von 1908 mit dem »schönsten und staubfreien Garten« und einer Reihe von Rasentennisplätzen, die er nicht ohne Stolz als »1. Lawn Tennis Sportplatz« bezeichnete. Heute ist von dem bekannten Ausflugslokal nichts mehr zu sehen. Auf dem Gelände befindet sich jetzt ein Gewerbegebiet.

Leicht schmunzeln muss man in Anbetracht der heutigen Verkehrssituation beim Lesen eines Reiseführers aus dem Jahr 1895 über Muggenhof: »Auch wird die Restauration wegen ihrer gesunden Lage gerne von Rekonvaleszenten und Sommerfrischlern zu längerem Aufenthalt aufgesucht, welche Alle nicht genug die freundliche Bedienung, vorzüglichen Betten und gesunden Zimmer loben können«.

69

⑲

Fürther Kreuzung

Schnittpunkt der Verkehrswege

An der Fürther Kreuzung begegneten sich seit 1844 die Züge der Ludwig-Süd-Nord-Bahn und der Ludwigseisenbahn. In der Bildmitte ist im Hintergrund ein Schleusenwärterhäuschen des Ludwigskanals und die Silhouette von Fürth zu erkennen. Stahlstich von Gerson Löwensohn 1845.

Mit »Fürther Kreuzung« wurde bis 1982 der Stadtteil zwischen Fürther Straße, Sigmundstraße und heutigem Frankenschnellweg bezeichnet. Der Name entstand aus der Kreuzung von Ludwigsbahn und Staatsbahn. Da die Ludwigseisenbahngesellschaft 1835 ein 30-jähriges Privileg für den Personen- und Güterverkehr zwischen Nürnberg und Fürth erhalten hatte, schwenkte die wenige Jahre später gebaute staatliche Süd-Nordbahn unter Umgehung von Fürth nach Norden. Östlich der heutigen Autobahnauffahrt kreuzte sie die Trasse der Ludwigsbahn auf der Fürther Straße. Erst im Jahr 1862 verzichtete die Ludwigsbahn auf ihr Privileg. Mit dem Bau der

Der Bahnhof Doos ver-
lor schon 1879 seine
Bedeutung als Umstei-
gestation für den Für-
ther Personenverkehr
und Güterumschlags-
platz. Fotografie des
Bahnhofspersonals um
1900.

Würzburger Bahnstrecke war nun auch die Klee-
blattstadt an das Streckennetz der Staatsbahn an-
geschlossen. Der Haltepunkt »Doos« spielte ab
1876 noch eine wichtige Rolle im Personennah-
verkehr, bis er 1991 endgültig stillgelegt und ab-
gerissen wurde.

Vom Abriss bedroht sind auch die reizvollen
Backsteinhäuser in der Fürther Straße 352 und
354, die aus dem 19. Jahrhundert stammen. In
den Gebäuden befanden sich lange Jahre Schule,
Polizeiwache und Dienstwohnungen.

LITERATUR

CENTRUM INDUSTRIEKULTUR NÜRNBERG (HG.): Die Fürther Straße – Ein Gang durch die Geschichte, Nürnberg 1985.

DATEV E.G.: Ansichten – Der DATEV IT-Campus 111, Nürnberg 2015.

DB MUSEUM (HG.): Der Adler – Deutschlands berühmteste Lokomotive, Nürnberg 2011.

FRANZKE, JÜRGEN (HG.): Schuco, Bing & Co. – Berühmtes Blechspielzeug aus Nürnberg, Nürnberg 1993.

GESCHICHTE FÜR ALLE E.V. (HG.): 100 Jahre Dreieinigkeitskirche Nürnberg-Gostenhof 1903–2003, Nürnberg 2003.

GESCHICHTE FÜR ALLE E.V. (HG.): Gostenhof – Geschichte eines Stadtteils, Nürnberg 2005.

GESCHICHTE FÜR ALLE E.V. (HG.): Berufsschule 2 – Berufliche Bildung im Wandel, Nürnberg 2010.

HAUS DER BAYERISCHEN GESCHICHTE (HG.): Edition Bayern – Eisenbahnen in Bayern 1835–2010, Sonderheft 1, Augsburg 2010.

MURKO, MATTHIAS: Motorrad-Legenden – Nürnberger Zweiradgeschichte, Nürnberg ²2014.

OBERLANDESGERICHT NÜRNBERG (HG.): Justizpalast Nürnberg – Ein Ort der Weltgeschichte wird 100 Jahre, Nürnberg 2016.

HISTORISCHE SPAZIERGÄNGE

Bereits erschienene Bände:

Teilweise auch in englischer, italienischer, französischer oder spanischer Sprache erhältlich.

zu beziehen über den Buchhandel oder über **www.geschichte-fuer-alle.de**